BEI GRIN MACHT SICH IHR WISSEN BEZAHLT

- Wir veröffentlichen Ihre Hausarbeit,
  Bachelor- und Masterarbeit

- Ihr eigenes eBook und Buch -
  weltweit in allen wichtigen Shops

- Verdienen Sie an jedem Verkauf

Jetzt bei www.GRIN.com hochladen
und kostenlos publizieren

Bibliografische Information der Deutschen Nationalbibliothek:

Die Deutsche Bibliothek verzeichnet diese Publikation in der Deutschen National-
bibliografie; detaillierte bibliografische Daten sind im Internet über http://dnb.d-
nb.de/ abrufbar.

Impressum:

Copyright © 2011 GRIN Verlag, Open Publishing GmbH
Druck und Bindung: Books on Demand GmbH, Norderstedt Germany
ISBN: 9783668003569

Dieses Buch bei GRIN:

http://www.grin.com/de/e-book/301640/mitarbeiterbewertung-unter-anwendung-
der-performance-kriterien

Iwana Janson

Mitarbeiterbewertung unter Anwendung der Performance-Kriterien

GRIN Verlag

GRIN - Your knowledge has value

Der GRIN Verlag publiziert seit 1998 wissenschaftliche Arbeiten von Studenten, Hochschullehrern und anderen Akademikern als eBook und gedrucktes Buch. Die Verlagswebsite www.grin.com ist die ideale Plattform zur Veröffentlichung von Hausarbeiten, Abschlussarbeiten, wissenschaftlichen Aufsätzen, Dissertationen und Fachbüchern.

Schriftliche Vorbereitung zur Durchführung einer Unterweisung im Rahmen der praktischen ADA-Prüfung

„Mitarbeiterbewertung unter Anwendung der Performance-Kriterien"

Studiengang: Wirtschaftspsychologie

Vorgelegt: Iwana Janson
Studiengang: Wirtschaftspsychologie
Datum: 03.06.2011

Die nachstehende Beschreibung des Entwurfs zur praktischen Durchführung einer Ausbildungseinheit umfasst 11 Seiten. Ich erkläre, dass ich diesen Unterweisungsentwurf eigenständig erstellt habe.

Gliederung

1 Thema der Unterweisung

Mitarbeiterbewertung unter Anwendung der Performance-Kriterien

1.1 Zusammenhang des Themas mit der Studienordnung

Der Studienführer für den Bachelorstudiengang Wirtschaftspsychologie der SRH Hochschule Heidelberg sieht in Modul 20: Rechnungswesen/Controlling die Erläuterung von Controllinginstrumenten vor. Der Studierende[1] kann abschließend diverse Controllinginstrumente praktisch anwenden. Als Zeitrahmen zur Umsetzung dieses Lernzieles ist das fünfte Trimester vorgesehen.

1.2 Dauer der Unterweisung

Die Dauer der Unterweisung beträgt ca. 20 Minuten.

2 Lernziele

2.1 Operationalisiertes Lernziel

Das operationalisierte Lernziel beinhaltet die systematische Planung, Ausführung, Kontrolle und Steuerung des Lernprozesses, deshalb ist hierfür eine exakte Beschreibung zwingend erforderlich. Das operationalisierte Lernziel soll dokumentieren, welches Endverhalten nach der Unterweisung beim Studierenden zu erwarten ist.

Der Studierende sollte Kenntnisse über Controllinginstrumente aufweisen und in der Lage sein, diese im Arbeitsalltag anwenden zu können, um die Fähigkeiten von Mitarbeitern zuverlässig beurteilen zu können. Er sollte zudem typische Fehler bei der Beurteilung erkennen und die Verfahren korrekt anwenden können.

---

[1] Die Personenbezeichnung „Studierende" bezieht sich auf das männliche und weibliche Geschlecht.

2.2 Richtlernziel

Richtlernziele sind längerfristige Ziele, welche der Studierende in einer Zeit von ein bis zwei Monaten erlernen soll. Es handelt sich dabei um nicht genau definierte Teile des Berufsbildes, welche allgemein gehalten sind und so von Hochschule zu Hochschule unterschiedlich interpretiert und umgesetzt werden können.

Im Rahmen dieser Unterweisung ist dem Studierenden die korrekte Vorgehensweise bei einer Mitarbeiterbeurteilung zu vermitteln, indem die Performance-Kriterien erläutert und die anschließenden Schritte aufgezeigt werden.

2.3 Groblernziel

Groblernziele sind mittelfristige Lernziele, die dem Studierenden innerhalb von einer Woche beigebracht werden sollen. Zu vermittelndes Wissen und Fertigkeiten werden Schritt für Schritt genau definiert und schließen somit gewisse Alternativen, welche die Richtlernziele geboten haben, aus.

Am Ende der Unterweisung sollte der Studierende wissen, welche Bedeutung der Beurteilung durch Performance-Kriterien zukommt und wie man diese durchführen kann.

2.4 Feinlernziel

Feinlernziele sind kurzfristige Lernziele, welche dem Studierenden in einem Zeitraum von 10-30 Minuten vermittelt werden. Feinlernziele werden präzise bestimmt, d.h. es existieren keine Alternativen zu den Vorstellungen bzw. zu den Endergebnissen.

Der Studierende sollte am Ende der Unterweisung in der Lage sein, die drei Schritte der Beurteilung durch die Nutzung von Performance-Kriterien umsetzen zu können und typische Fehler, wie z.B. die bevorzugte Behandlung eines Mitarbeiters durch Widerspiegelung des eigenen Stils, zu vermeiden.

3 Ausgangssituation

3.1 Betriebliche Ausgangssituation

Seit vier Jahrzehnten ist die SRH Hochschule Heidelberg eine der renommiertesten deutschen Hochschulen - mit einem dichten Netzwerk zu Unternehmen und Bildungseinrichtungen weltweit.

Die SRH Hochschule Heidelberg ist Teil eines überregionalen Netzwerks privater Hochschulen der SRH, die einem gemeinsamen Leitbild folgen, jedoch eigenständige wissenschaftliche Profile besitzen. Ziel der SRH Hochschulen ist es vor allem, begabte junge Menschen in zukunftsorientierten Studiengängen zu qualifizierten und zu staatlich anerkannten Abschlüssen zu führen, die ihnen überdurchschnittliche berufliche Chancen auf dem Arbeitsmarkt bieten. Zugleich wollen die SRH Hochschulen sie in ihrer Entwicklung zu eigenständigen, souveränen Persönlichkeiten fördern und unterstützen. Daneben wollen die SRH Hochschulen durch anwendungsorientierte Forschung und wissenschaftliche Weiterbildung in ihren jeweiligen Profilen einen Beitrag zu Innovation und Qualifizierung in Wirtschaft und Gesellschaft leisten.

Die SRH Hochschule Heidelberg setzt als eine der ältesten und bundesweit größten privaten Hochschulen Maßstäbe im Bereich Bildung. Das Erfolgskonzept: Dort werden neue, praxisnahe Studiengänge, individuelle Betreuung und eine schnelle Vermittlung in den Arbeitsmarkt geboten. Die SRH Hochschule Heidelberg bietet somit optimale Chancen für einen erfolgreichen Start ins Berufsleben.

An ihren sechs Fakultäten sind heute rund 2.200 Studierende in mehr als 30 Studiengängen eingeschrieben.

Die Verfasserin der Unterweisung hat im Januar 2010 ihr Studium zum Bachelor of Arts im Studiengang Wirtschaftspsychologie an der SRH Hochschule Heidelberg abgeschlossen. Sie ist dort seitdem als Dozentin tätig und leitet unter anderem das Tutorium im Fach Rechnungswesen/Controlling.

3.2 Persönliche Ausbildungssituation des Studierenden

Die Abiturientin Teresa N. ist 21 Jahre alt und befindet sich im fünften Trimester des Studienganges Wirtschaftspsychologie.

Entsprechend ihres gewählten Studienganges zeigt die Studentin großes Interesse an der Erforschung von Verhaltensweisen und zeichnet sich besonders durch ihr großes Einfühlungsvermögen aus. Ihr Verhalten gegenüber ihren Dozenten ist stets vorbildlich und respektvoll.

Teresa N. kann sich schnell auf neue Aufgabenstellungen einlassen und erarbeitet deren Lösungswege jederzeit zielstrebig und gewissenhaft.

Seit knapp drei Monaten besucht sie die gängigen Vorlesungen des fünften Studienabschnittes und somit auch das Modul Rechnungswesen/Controlling. Sie nimmt regelmäßig am ergänzenden Tutorium teil, in dem der vermittelte Stoff durch Übungen verfestigt werden soll.

Sie kennt die leitende Dozentin seit knapp drei Monaten und pflegt einen respektvollen Umgang mit ihr.

In der Hochschule ist es üblich, dass sich Lehrende und Studierende mit „Sie" anreden.

In den vergangenen Monaten wurden der Studentin die Bereiche und Rechtsgrundlagen des betrieblichen Rechnungswesens, sowie Kenntnisse zur Inventur, der Finanz- und Betriebsbuchhaltung, als auch zur Investition und Finanzierung vermittelt. Kürzlich hat sie zudem Einblicke in die Betriebliche Statistik und Planungsrechnungen erhalten und das strategische und operative Controlling kennengelernt. Nach dem theoretischen Input in der letzten Vorlesung soll sie nun im aktuellen Tutorium die erlernten Controllinginstrumente praktisch anwenden.

4 Grundkenntnisse

4.1 Vorhandene Grundkenntnisse

Die Grundkenntnisse der Studentin ergeben sich aus dem Abitur und den bisher gewonnen Erkenntnissen aus den Studieninhalten.

4.2 Zu vermittelnde Grundkenntnisse

Die Studentin lernt, wie Mitarbeiter mit Hilfe der Performance-Kriterien beurteilt werden können und welche typischen Fehlerquellen zu umgehen sind.

5 Fachwissen

5.1 Vorhandenes Fachwissen

Im Laufe des aktuellen Trimesters hat die Studierende bereits Kenntnisse zu der Mitarbeiterbeurteilung durch Performance-Kriterien erlangt. Sie hat allerdings bislang noch keine eigenständige Bewertung durchgeführt.

5.2 Zu vermittelndes Fachwissen

Die Studentin soll lernen, wie eine effektive Mitarbeiterbeurteilung durchgeführt wird, um ermitteln zu können, welche Personalentwicklungsmaßnahmen für den jeweiligen Mitarbeiter im Unternehmen tatsächlich geeignet sind. In der Unterweisung wird Teresa N. die drei Schritte von der Bewertung bis hin zur Einschätzung an einem Beispiel praktisch umsetzen.

6 Ausbildungsmittel/ Medieneinsatz

In der Unterweisung werden folgende Arbeitsmittel verwendet:

a) Arbeitsblatt
b) Bleistift
c) Radiergummi
d) Folienstift
e) Tafelstift
f) Folie
g) Tafel
h) Flipchart
i) Overheadprojektor

7 Unterweisungsmethode

Die Unterweisung erfolgt unter Einhaltung didaktischer Prinzipien in Form der 3-Stufen Entwicklungsmethode, ergänzt durch Vortragselemente eines Lehrgesprächs.

Unter Didaktik versteht man die inhaltliche Planung, Organisation und Kontrolle des Lernens.

1) Vorbereiten und Auslösen des Lernprozesses

Der Student muss auf die Lernsituation vorbereitet werden und eine angemessene Lernatmosphäre wird geschaffen, um mögliche Hemmungen abzubauen.

Zu Beginn wird der Student über den Ablauf der Unterweisung aufgeklärt und anschließend wird die Vorgehensweise bei einer Beurteilung noch einmal kurz erläutert.

2) Auseinandersetzung mit dem Lerngeschehen

Der Student soll zunächst den Inhalt der letzten Vorlesung wiedergeben. Anschließend bekommt er ein Arbeitsblatt, anhand dessen er erkennen kann, wie er vorzugehen hat. Durch seine Vorkenntnisse ist eine umfangreiche Einweisung nicht nötig.

3) Übung

Der Student soll nun die Arbeitsschritte befolgen und das Arbeitsblatt selbstständig bearbeiten.

8 Schlüsselqualifikationen

Schlüsselqualifikationen, wie allgemeine Fähigkeiten, Einstellungen und Strategien sind nützlich, wenn neue Kompetenzen erworben werden oder Probleme gelöst werden sollen. Diese können nicht in einer Unterweisung vermittelt werden, da sie nicht erlernt werden können.

Der Studierende eignet sich diese im Verlauf seiner Ausbildung an. Diese variieren allerdings je nach Entfaltungsspielraum und Platz für eigenes Engagement und ermöglichen eine schnelle Aneignung von Fachwissen.

Fachkompetenz:
Fachtheoretische Kenntnisse und fachspezifische Fähigkeiten sind unerlässlich, da es in immer komplexere Arbeitsabläufe und rasche Veränderungsprozesse gibt.

Die Unterweisung soll dem Studierenden ermöglichen, seine Kenntnisse über die Bewertung von Mitarbeitern in der Praxis anzuwenden und Fehlerquellen zu meiden.

Methodenkompetenz:
Die Methodenkompetenz beinhaltet Arbeitstechniken, Lernstrategien und Verfahrenstechniken, die der Lösung von komplexen Aufgaben dienen. Der Studierende ist auf eine bestimmte Gestaltung der Ausbildung angewiesen, um sich die Methodenkompetenz aneignen zu können, da dies weniger durch einzelne Unterweisungen geschieht.

Er muss lernen, wie er die Fähigkeiten von Mitarbeitern durch die Performance-Kriterien zuverlässig bewerten kann, indem ihm die relevanten Informationen zur Verfügung gestellt werden.

Sozialkompetenz:
Die Sozialkompetenz bezeichnet die Fähigkeit, respektvoll und verantwortungsbewußt mit anderen Menschen umzugehen.

Der Studierende soll respektvoll mit seinen Mitmenschen umgehen und stets Verantwortung für seine Handlungen zu übernehmen.

9 Arbeitsgliederung

1. Begrüßung   Zeit: ca. 1 Minute

<u>Vorgehen</u>	<u>Zielsetzung</u>
o Small Talk o Arbeitsmittel bereitlegen	o Allgemeines Befinden erkunden o Hemmungen nehmen o Direkten Zugriff ermöglichen

2. Einstiegsphase   Zeit: ca. 1 Minute

<u>Vorgehen</u>	<u>Zielsetzung</u>
o Inhaltliche Vorgehensweise der Unterweisung aufzeigen o Bezug zur Vorlesung herstellen	o Interesse wecken o Überblick schaffen o Zusammenhang herstellen

3. Erarbeitungsphase   Zeit: ca. 2 Minuten

<u>Vorgehen</u>	<u>Zielsetzung</u>
o Abfragen und auffrischen der letzten Vorlesung	o Aktivierung und Auseinandersetzung mit dem Thema

4. Erarbeitung- und Anwendungsphase   Zeit: ca. 3 Minuten

<u>Vorgehen</u>	<u>Zielsetzung</u>
o Arbeitsunterlagen austeilen o Erklärung der Vorgehensweise o Nachfragemöglichkeit schaffen	o Überblick schaffen o Selbstständiges Nachfragen des Studenten fördern

5. Übungsphase, Ergebnissicherung   Zeit: ca. 5 Minuten

Vorgehen	Zielsetzung
o Student soll selbstständig eine Bewertung vornehmen o Bei Fragen steht die Dozentin zur Verfügung	o Selbstständiges Arbeiten fördern o Auseinandersetzen mit den Arbeitsabläufen

6. Kontrollphase   Zeit: ca. 7 Minuten

Vorgehen	Zielsetzung
o Kontrolle der Ergebnisse und Fehleranalyse o Student korrigiert Fehler o Nachfrage, ob alles verstanden wurde	o Der Student soll aus seinen Fehlern lernen und sein Wissen erweitern

7. Verabschiedung   Zeit: ca. 1 Minute

Vorgehen	Zielsetzung
o Ausblick auf Zukünftiges o Nachfrage nach sonstigen Anliegen oder Fragen	o Unterweisung abschließen

Summe ca. 20 Minuten

10 Lernzielkontrolle

Die Kenntnisse des Studenten werden mit Hilfe einer Klausur am Ende des Trimesters abgeprüft. Mit dieser Praxisarbeit und der Klausur lässt sich feststellen, ob der Student die Ziele der Unterweisung im kognitiven und affektiven Bereich erreicht hat.

Kognitiver Bereich

Der kognitive Lernbereich, auch Wissensbereich genannt, beinhaltet das reine Auswendiglernen und befasst sich weniger mit den Zusammenhängen der vollzogenen Arbeitsschritte.

Der Student kennt die einzelnen Schritte der Bewertung über die Performance-Kriterien und ist über mögliche Fehlerquellen informiert.

Affektiver Lernbereich

Der affektive Lernbereich, auch Verhaltensbereich genannt, fördert Transferleistungen, indem das Erlernte auf bestimmte Aufgabenstellungen übertragen werden kann.

Der Student hat die Bedeutung der Mitarbeiterbewertung für ein Unternehmen verstanden und ist in der Lage, entsprechende weiterführende Personalmaßnahmen vorzuschlagen.

BEI GRIN MACHT SICH IHR WISSEN BEZAHLT

- Wir veröffentlichen Ihre Hausarbeit,
  Bachelor- und Masterarbeit

- Ihr eigenes eBook und Buch -
  weltweit in allen wichtigen Shops

- Verdienen Sie an jedem Verkauf

Jetzt bei www.GRIN.com hochladen
und kostenlos publizieren